우리 나라 연과
세계의 연이 한자리에 총집합

연의 세계
세계의 연

유재혁 저

교학사

머리말

우리 나라의 연은 전통적으로 가오리연과 방패연의 두 가지가 주종을 이루고 있다. 이 가오리 연이나 방패연은 평면(平面)에 문양(文樣)을 그려서 만든 것으로 옛날 선대(先代)들도 즐겨 날렸던 것이다.

연날리기는 인간이 하늘을 날고 싶다는 욕망을 가진 이래 처음 그 꿈을 실어 보낸 기구이리라. 그 이후 끊임 없는 발전으로 오늘날은 달나라까지 가는 시대가 되었으나 연에 대한 아름다운 꿈과 낭만은 여전히 식을 줄 모르고 있다.

그 동안 수차례 국제 연날리기 축제에 나가 보았다. 그런데 우리 나라의 가오리연이나, 방패연만으로는 세계의 연들과 어깨를 나란히 할 수가 없었다. 그 이유는 첫째, 그들의 것은 연 크기에 있어 큰 것은 집채만 한 것부터 작은 것은 명함만 한 것까지 천차 만별로 매우 다양하였다. 둘째로, 그들의 연은 역동적(力動的)이고 그 모양이 거의 자연 실물(實物)과 흡사하였다. 이와 같이 그들의 연은 독창성(獨創性)에서부터 평면(平面) 디자인에 이르기까지 공간감(空間感)과 입체감(立體感) 등이 조화(調和)를 이루고 있어 예술 활동(藝術 活動)의 극치(極致)라 할 수 있다. 또한 연은 잘 떠야 하는데 이러한 기능성(機能性)을 추구(追求)하려면 창의성(創意性)은 물론 역학적(力學的)인 면을 충분히 고려하여 제작하는 것이 필요하다.

이제 우리 나라도 우리 전통연에 대해 새로운 관심을 기울이고 있는데, 이는 정말 반가운 일이라 하겠다. 때로는 1000 m 길이의 연줄에 수백 개의 연을 매단 것을 비롯하여 새롭게 창의성(創意性)을 발휘한 연들도 우리는 보게 된다.

공중에 높이 뜬 신기한 연을 보고 감탄하며 즐거워하고 있는 동안의 시간들은 그냥 스쳐 지나가면 그뿐, 쉬 잊기 쉽기 때문에 이것을 사진으로 담고 또한 각 나라의 연을 수집하여 '연의 세계, 세계의 연'을 모두 한자리에 모아 보고 싶었다. 여기에 나오는 사진을 보면 각 나라의 연모양, 색채, 규격, 재료, 목줄을 매는 위치 등을 알게 되어 앞으로 창작(創作)연을 만드는 데 많은 참고가 될 것이다.

새로운 형태의 연을 연구하고 계획하여 자기 자신의 손으로 만들어 하늘 높이 날리는 기쁨은 이루 말할 수 없이 크다. 이제 우리도 과학화의 연, 국제화의 연을 개발하여 국제 무대에서 세계의 연들과 어깨를 나란히 해야겠다.

1995. 1. 20   저자 씀

차 례

1. 한국편 ·· 5
   (1) '94 서울 국제 연날리기 대회 ······································· 5
   (2) 영남 지방의 연 ·· 31
   (3) 통영 전통 비연 ·· 35
   (4) 제주도연 ·· 41
   (5) 우리 나라 연의 여러 가지 ··· 42

2. 중국편 ·· 60
   (1) 웨이팡 국제 연날리기 대회 ·· 60
   (2) 웨이팡 연박물관 작품 ·· 66
   (3) 중국연의 여러 가지 ··· 72
   (4) 중국 연엽서에 실린 여러 가지 연 ······························· 80

3. 일본편 ·· 85
   (1) 사이타마 현 쇼와마치 신춘 연날리기 대회 ··················· 85
   (2) 규슈 아소 산 연날리기 대회 ······································ 86
   (3) 일본 창작연 ··· 87

4. 인도네시아편 ··· 101
   (1) 자카르타 제2회 국제 연날리기 대회 ························· 101

5. 태국편 ·· 106

6. 말레이시아편 ··· 108

7. 유럽·미주 지역편 ·· 109
   (1) 그리스 국제 연날리기 대회 ······································ 109
   (2) 이집트 ··· 112
   (3) 영국·스웨덴 ··· 113
   (4) 네덜란드 ·· 114
   (5) 미주 지역 ··· 116

1. 한국편

(1) '94. 서울 국제 연날리기 대회

때 : 2. 26~27
장소 : 여의도 고수 부지
참가국 : 12개국
(한국, 일본, 미국, 캐나다, 홍콩, 중국, 프랑스, 독일, 필리핀, 말레이시아, 스리랑카, 싱가포르)

1. 대회장 본부 모습

2. 대회식장에 늘어선 기수들

3. 대회 시작 전 연을 조립하는 모습

4. **남대문연**(윗면의 너비 : 2 m, 밑면의 너비 : 6 m, 높이 : 2 m)(**한국**/홍영한 작)

5. 가오리연·방패연의 줄연(한국)

6. **봉황새연**(날개의 길이 : 8m, 몸체의 길이 : 3m, 꼬리의 길이 : 17m)(**한국**/강범구 작)

7. **인어연**(몸체의 길이 : 3 m, 댓살 : 가로-4개, 세로-1개, 몸체의 길이 : 3 m, 몸체의 너비 : 50 cm) (**한국**/김철구 작)

8. **곡예연**(꼬리의 길이 : 50 m) (**한국**/서만준 작)

9. **초롱이와 색등이연**(400 ×400 cm, 댓살 : 3개) (**한국**/오부석 작)

10. **문어 줄연**(연과 연의 거리 : 1.5 m) (**한국**/ 서만준 작)

11. **대형 거북연**(200×200 cm, 중심살 : 1, 가로살 : 3)(**한국**/유재혁 작)

12. **탈 줄연**(날개 : 50×50 cm)(**한국**/유대형 작)

13. 문(門)자 줄연(한국)

14. **부엉이연**(300×200 cm, 중심살 : 1, 가로살 : 4) (**한국**/유대형 작)

15. 까치 줄연(한국)

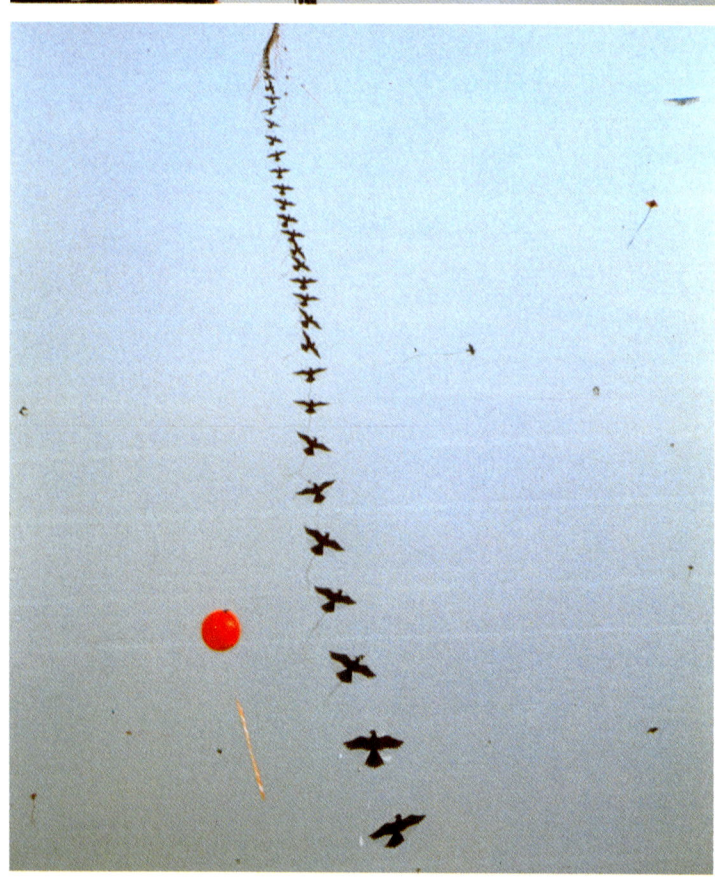

16. 새 줄연(한국)

17. 타코(凧)자 가오리연의 줄연(일본)

18. 가오리 줄연(일본)

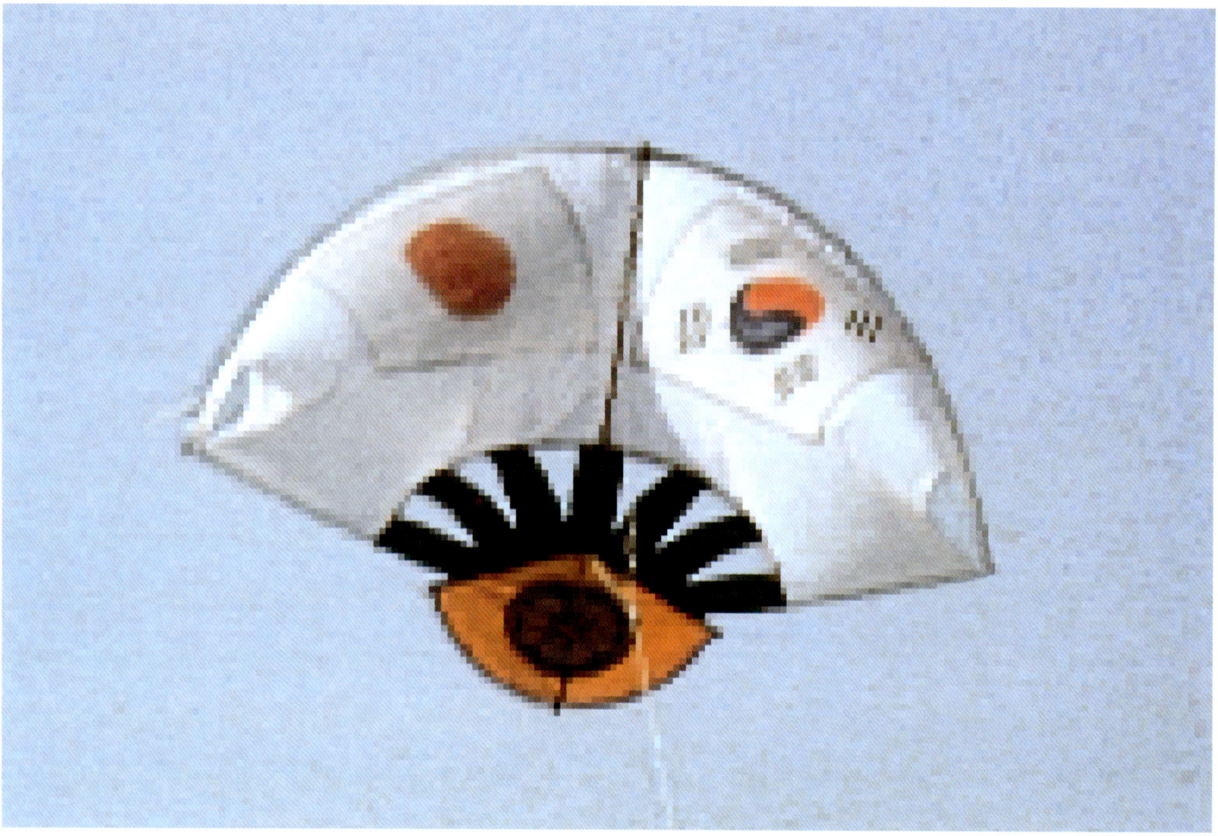

19. 한·일 친선을 위해 만든 부채연(120×150 cm)(**일본**)

20. 장군연(권율 장군상의 대형연, 길이 4 m)(**일본**/고세키 아키라 작)

21. 불사조연(일본)

22. 상자연(네모상자 3개가 붙은 모양)(일본)

23. 팬더연(몸체 길이 : 2 m, 댓살 : 4개) (일본/고세키 아키라 작)

24. 대형 새연(꼬리 길이 : 5 m) (일본)

25. **지네 줄연**(연의 수 : 50개, 중국 전통연)(**중국**)

26. **잠자리연**(날개 길이 : 150 cm, 몸체 길이 : 130 cm)(**중국**)

27. 불사조연 (200×200 cm) (호주)

28. 복합 상자연 (위, 아래 이외는 모두 막혔다) (미국)

29. 낙하산연(200×200 cm, 전체 길이 : 10 m)(독일/페터 작)

30. 대형 전갈연(150×150 cm, 꼬리 : 5 m)(독일/페티 작)

31. 대형 4각연 (300×200 cm) (**프랑스**)

32. 대형 잠자리연 (날개의 길이 : 3 m, 몸체의 길이 : 3 m, 꼬리의 길이 : 10 m) (**독일/페터 작**)

33. 대형 모자이크 6각연
 (1변의 길이 : 200 cm)
 (일본)

34. 대형 새연
 (날개의 길이
 : 3 m)

35. 6각연

36. 배연(미국)

37. 복합 상자연

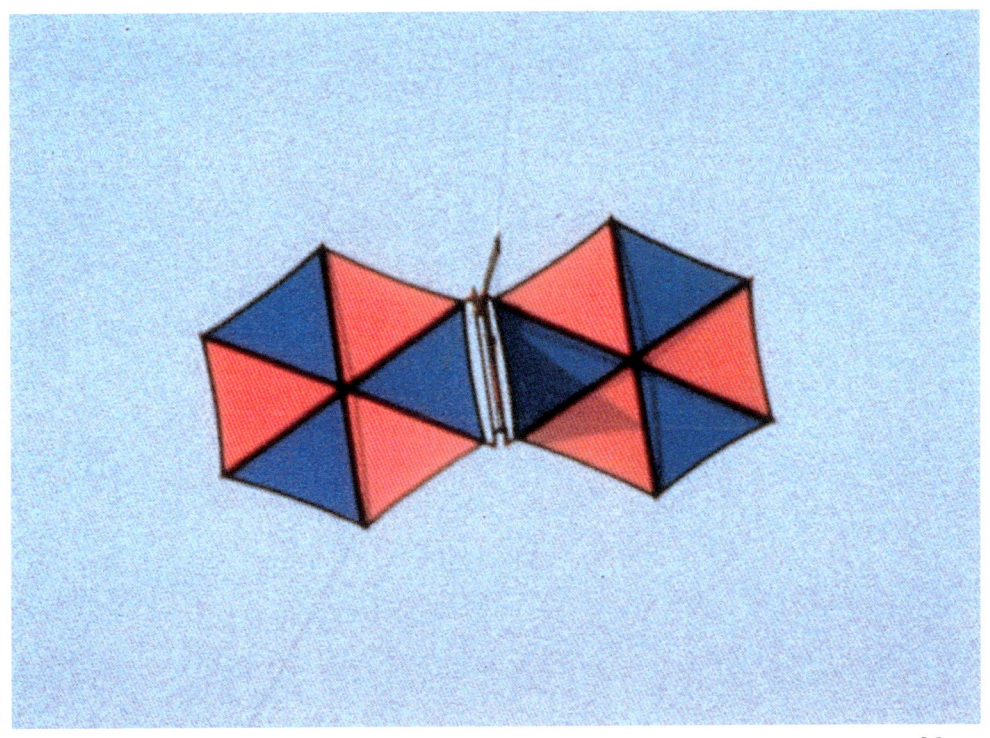

38. 대형 쌍 6각연

39. 갈매기연(날개의 길이 : 9 m, 양쪽 날개 끝에 끈이 있는데, 이 끈을 흔들면서 날리면 흡사 날개를 치면서 나는 것 같다.)

40. 낙하산연(앞면의 폭 : 5 m, 재료 : 낙하산천)

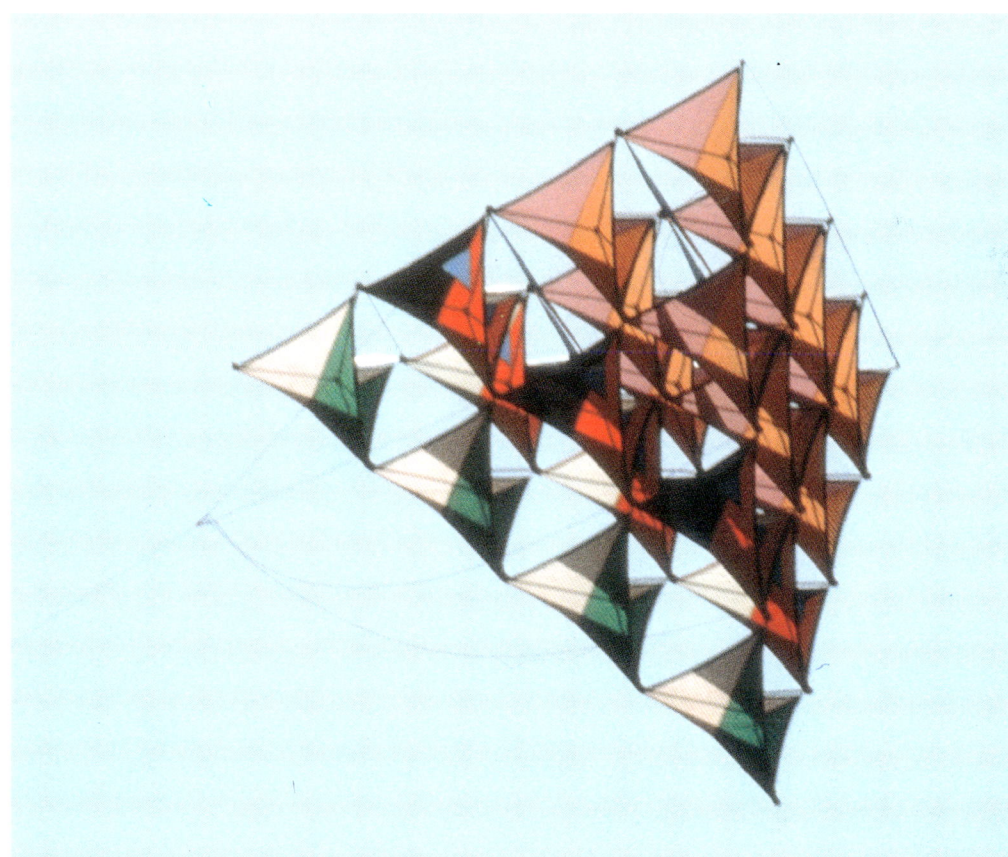

41. 삼각연(150×150 cm, 중심살 : 1개, 댓살 : 3개)

42. 복합 세모꼴연(높이 : 2 m)

43. 대형 학연(일본)

44. 말레이시아 국기연

45. 8각연(공중에서 회전한다.)

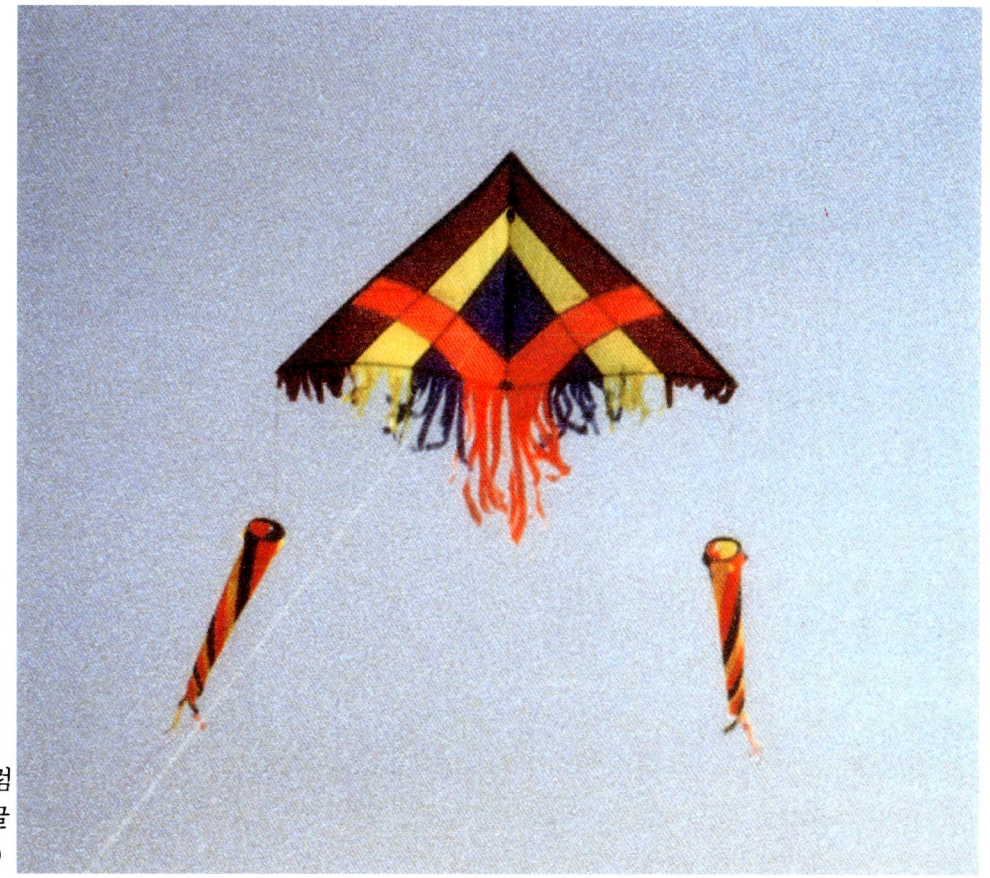

46. 세모연(꼬리처럼 생긴 2개는 빙글 빙글 돌아간다.)

47. 문어꼴 긴꼬리연

48. 네모뿔연(높이 : 약 3m)

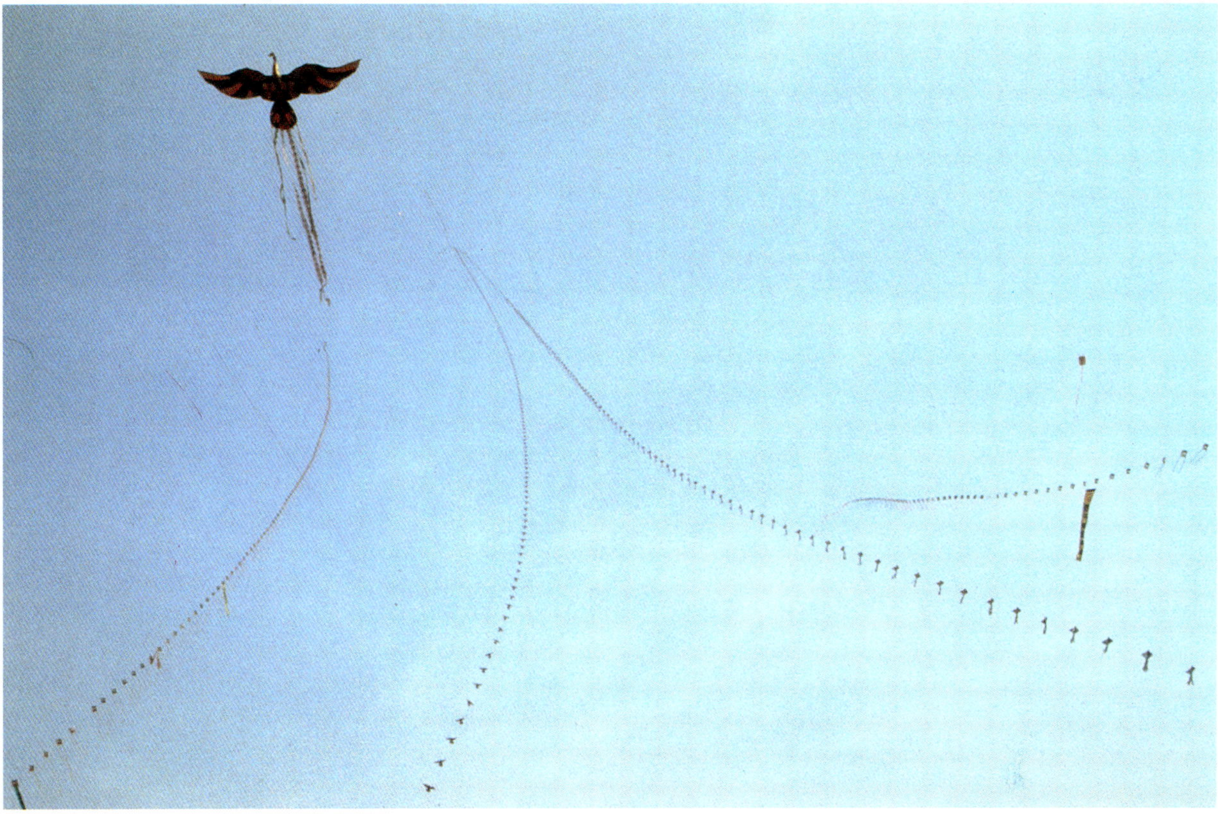

49. 줄 끝에 대형연을 단 줄연(전체 길이 : 1000 m)

50. 8각연(1변 : 1 m, 두께 : 80 cm)

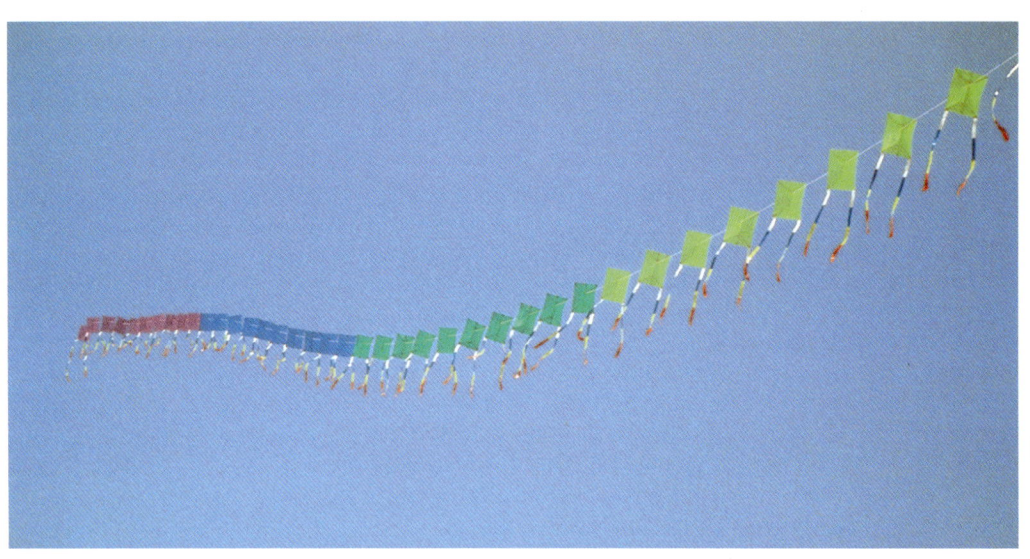

51. 줄연(가오리 연과 방패연을 섞어 꾸몄다.)

52. 공중에서 곡예하는 줄연

(2) 영남 지방의 연 (이점용 작품)

◇ 여기에 소개된 연은 주로 영남 지방에서 만들어 날린다 (영남 민속연 보존회장 이점용 자료 제공)

53. 귀머리장군연

54. 삼동치마머리연

55. 눈깔머리동이연

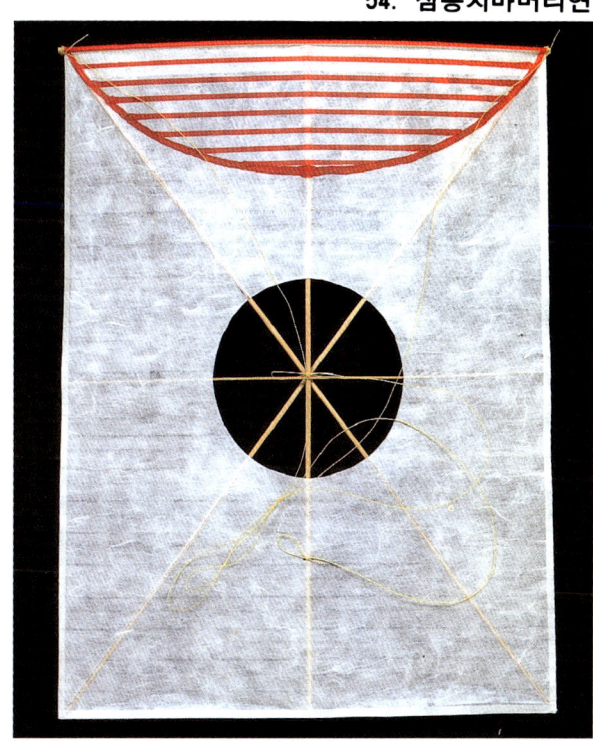

56. 홍반달연

57. 눈깔귀머리장군 긴코박이연

58. 허리동이연

59. 오색연

60. 이동치마연

61. 청홍초연

63. 돌쩌기연

62. 홍머리동이연

64. 반머리동이연

65. 구리인봉연

66. 눈깔허리동이연

67. 황초연

68. 반머리동이연

(3) 통영 전통 비연 (김여생 자료 제공)

■ 연의 문양은 문헌으로 남겨져 있지 않고 눈과 입으로서 전수되어 왔기에 견해 차이가 조금씩 있다.

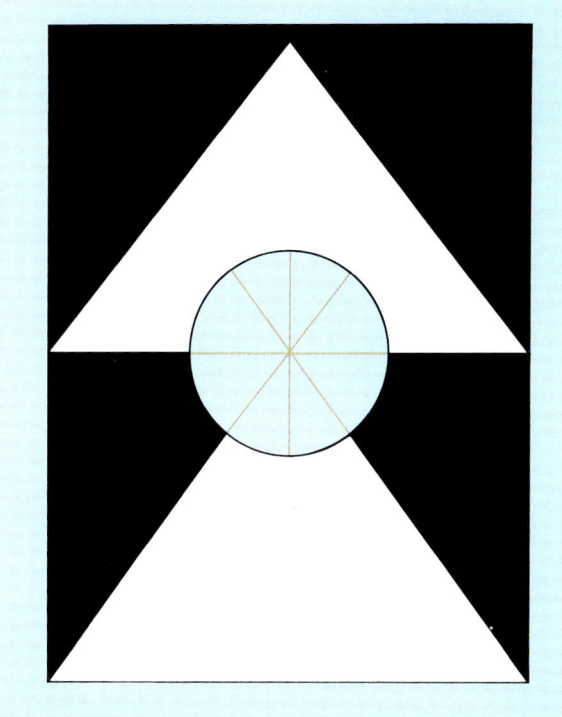

69. 기바리연

70. 기바리눈쟁이연

71. 아래갈치당가리연

72. 수리당가리연

73. 치마고리연

74. 돌쪽바지게연

75. 기봉연

76. 기봉눈쟁이연

77. 홍치마당가리연

78. 갈치당가리연

79. 고리연

80. 긴고리연

81. 외당가리연

82. 홍외당가리연

83. 반장연

84. 중머리연

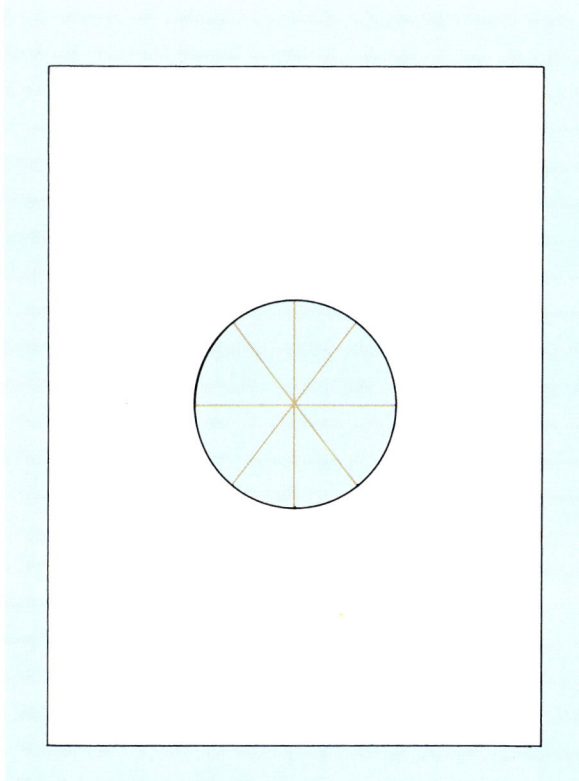

85. 상주연

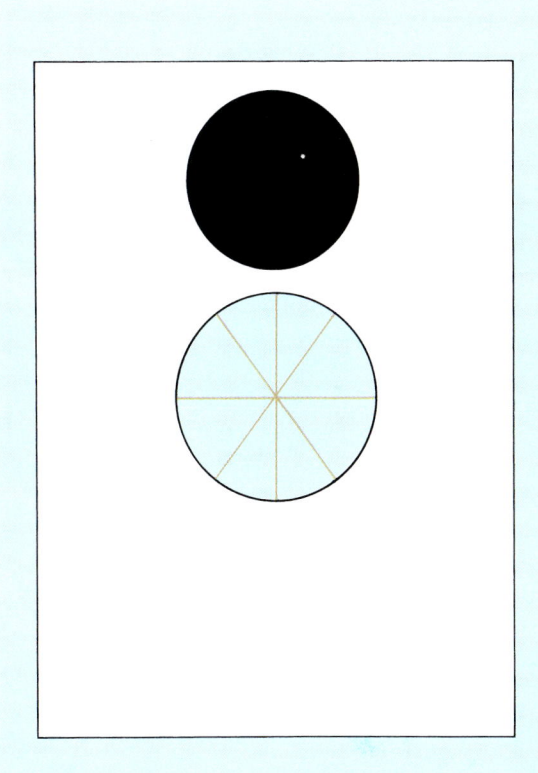

86. 댄빵구쟁이연

87. 삼봉산연

88. 삼봉산눈쟁이연

89. 머리연

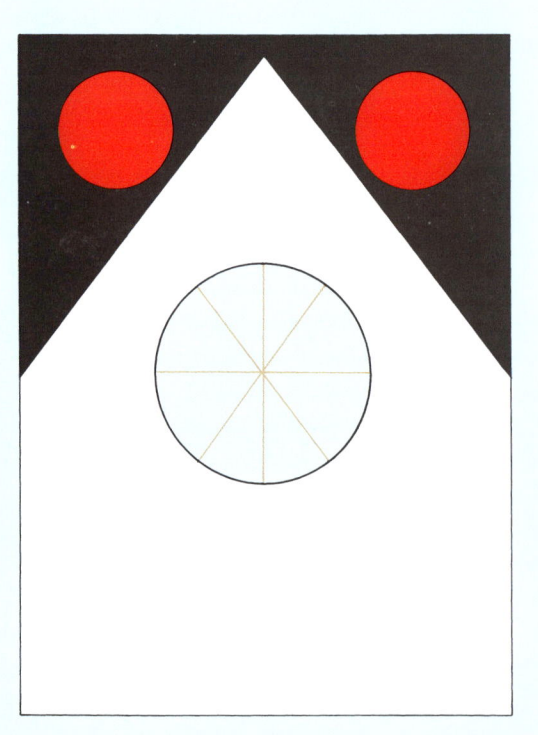
90. 머리눈쟁이연

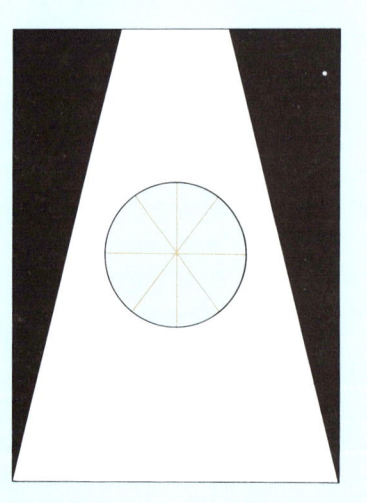
91. 머리치마연

92. 이봉연

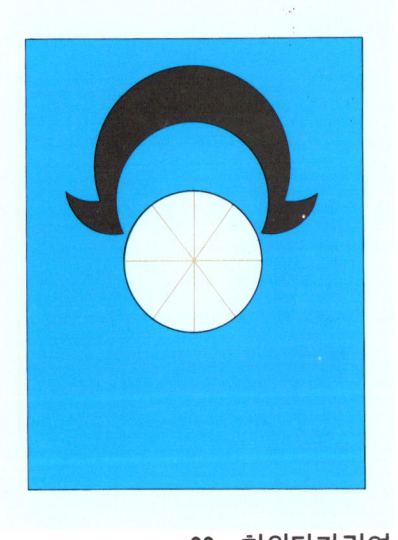
93. 청외당가리연

(4) 제주도연(김택성 자료 제공)

94. 개오리연(머리 앞 부분을 둥글게 처리하였다.)

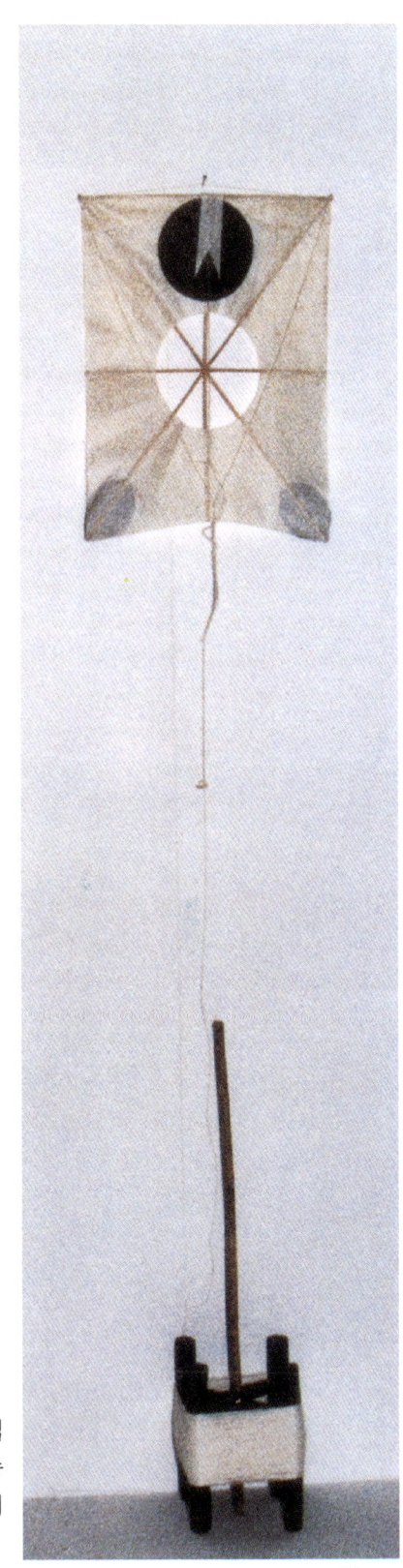

95. 정연(머리보다 치마쪽이 좁고, 밑변의 중심이 약간 들어가 있다. 치마쪽의 양모서리에 종이를 붙여 보강한 것으로 보아 해변의 강풍 저항을 덜기 위한 것으로 보인다.

(5) 우리 나라 연의 여러 가지

96. 환경보호연(1변 : 100 cm, 골재 : 위 2변-2개, 가로목 -1개) (**한국**/유재혁 작)

97. 환경보호연(150×100 cm, 골재 : 중심살-1개, 가로살- 3개) (**한국**/유재혁 작)

98. 가오리연(한국/노성규 작)

99. 청치마연(한국/노성규 작)

100. 나비연(한국/노성규 작)

101. 수복연(한국/노성규 작)

102. 귀머리빗살연 (50×40cm)
(한국/우상욱 작)

103. 상자연 (한국/신건수 작)

104. 사동치마연(한국/노성규 작)

105. 사동치마연(한국/노성규 작)

106. 쌍무지개연(한국/노성규 작)

107. 청치마연(한국/노성규 작)

108. 사동치마연(한국/노유상 작)

109. 낙하산연(100×300 cm, 바람 구멍 : 10개)

110. 상자연(1변 : 20 cm, 높이 : 60 cm)(한국/유재혁 작)

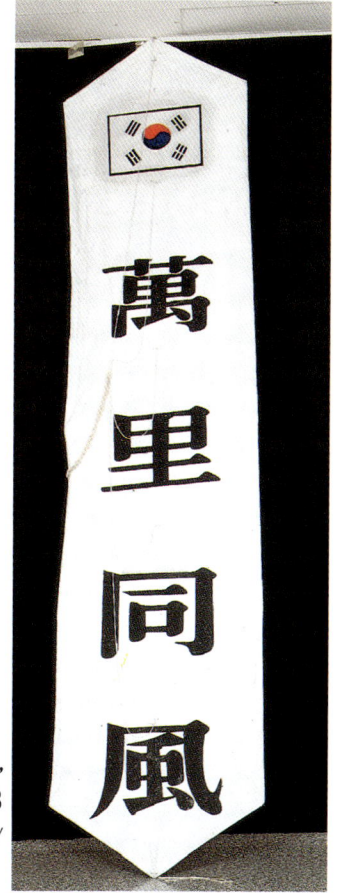

111. 평화의 연(260×60 cm, 골재 : 중심살-260 cm 3개, 가로살-5개)(한국/유재혁 작)

112. 평화의 연(인도네시아 자카르타 시 독립기념관 하늘 높이 날림-1994.7.2)(한국/유재혁 작)

113. 나팔꽃연(한국/유재혁 작)

114. 붕어연(한국/유재혁 작)

115. 거북연(한국/유재혁 작)

116. 달리기연(한국/유재혁 작)

117. 용머리연(한국/유재혁 작)

118. 행복연(한국/유재혁 작)

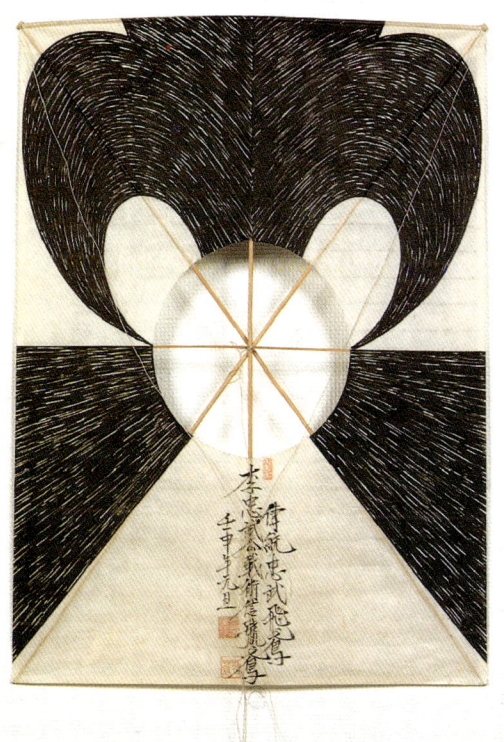

119. 돌쪽바지기연(이충무공 전술신호연)(한국/통영시 작가 미상)

120. 나비연(한국/유재혁 작)

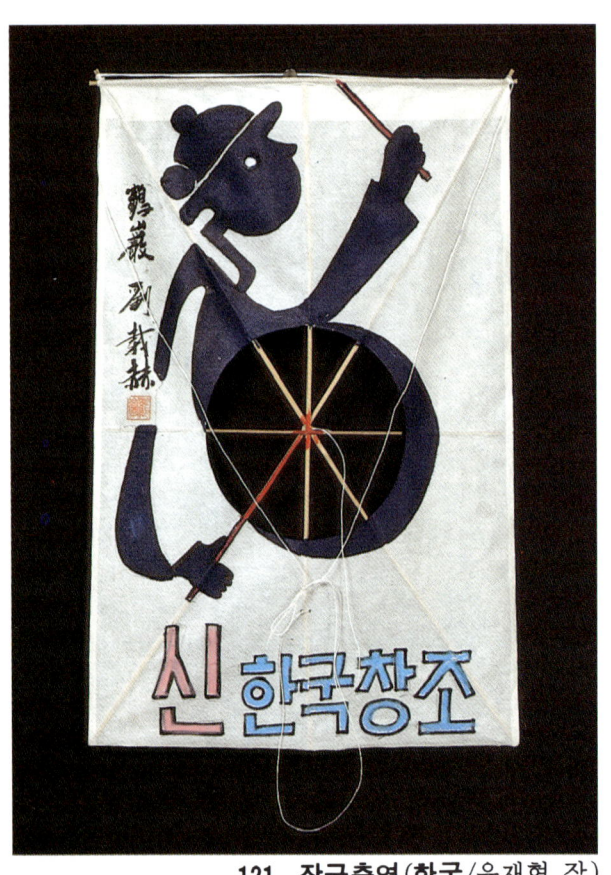
121. 장구춤연(한국/유재혁 작)

122. 투계연(한국/유재혁 작)

123. 자연보호연(한국/유재혁 작)

124. 탈연(한국/유재혁 작)

125. 용머리연(한국/유재혁 작)

126. 지네발연(한국/유재혁 작)

127. 사동치마연(한국/유재혁 작)

128. 닭연(한국/유재혁 작)

129. 액맥이연(한국/유재혁 작)

130. 나비연(한국/유재혁 작)

131. 희자연(한국/유재혁 작)

132. 문자연(한국/유재혁 작)

133. 쌍무지개연(한국/유재혁 작)

134. 코끼리연(한국/유재혁 작)

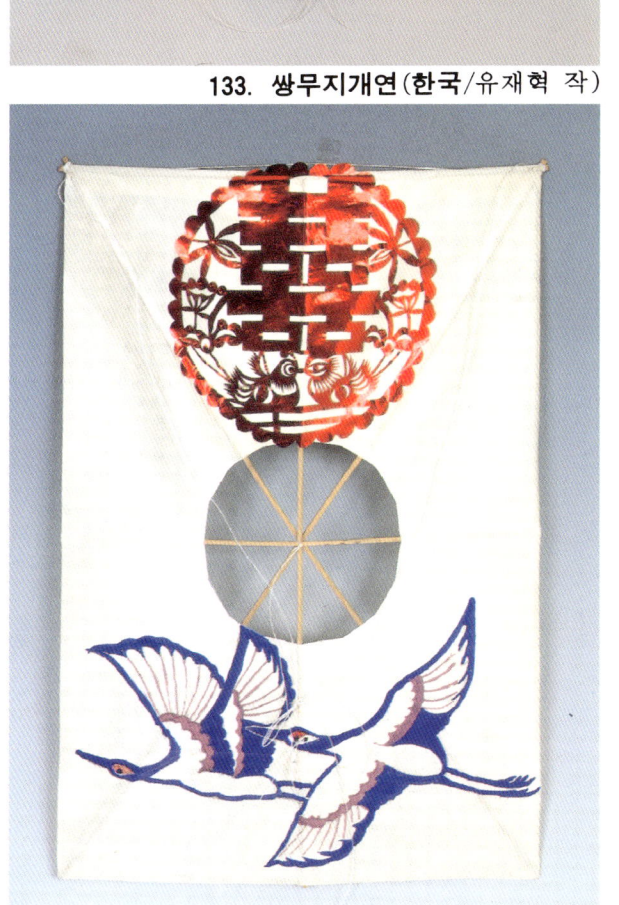
135. 학연(한국/유재혁 작)

136. 미니 부채연(15×15cm)(한국/유재혁 작)

137. 대형 태극연(150×150 cm)(**한국/유재혁 작**)

138. 대형 갈매기연(100×120 cm)

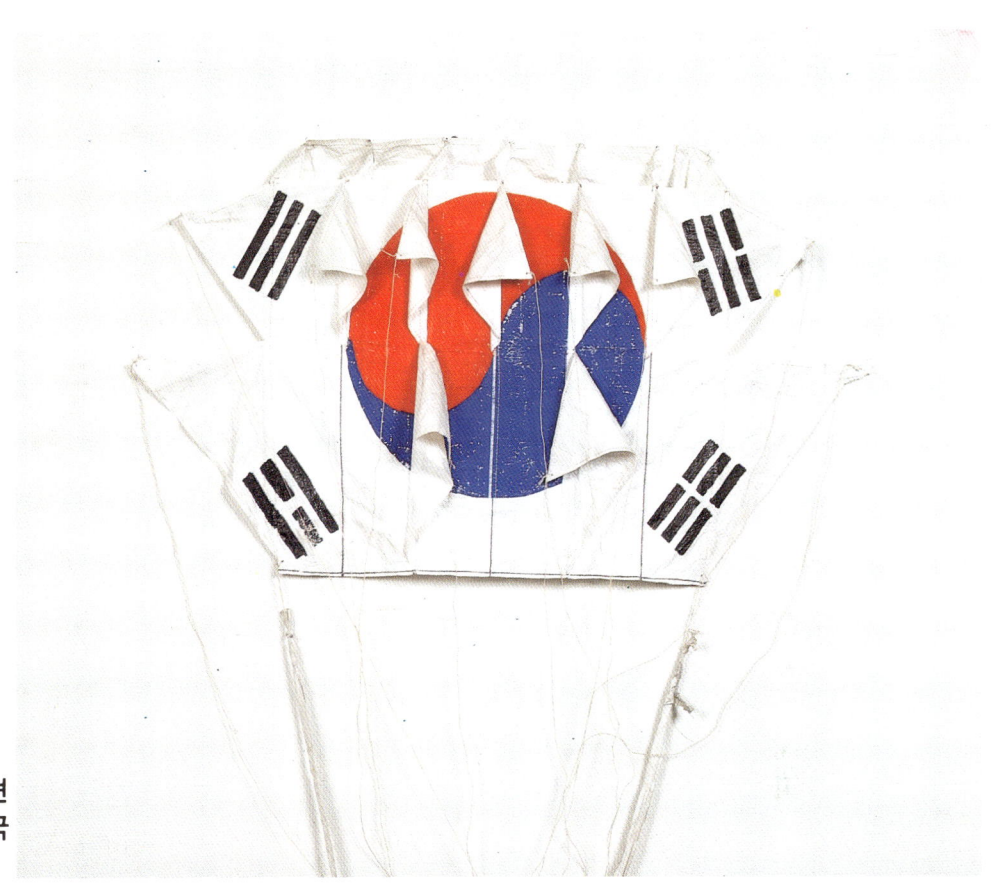

139. 소형 낙하산연 (40×60 cm)(한국/유재혁 작)

140. 미니 나비연 (15×15 cm)(한국/유재혁 작)

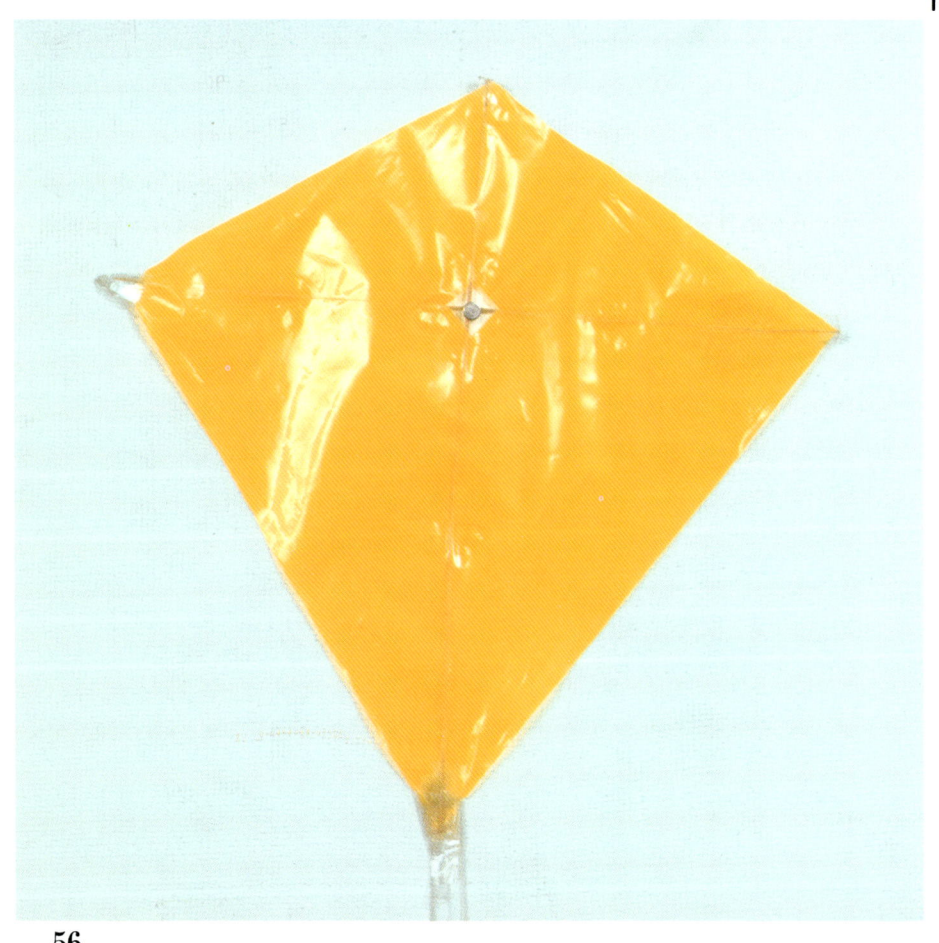

141. 캠페인연 3점(한국)

142. 다이아몬드연 (30× 30 cm)

143. 팬더곰연 (180 × 200 cm)

144. 쌍용 세모연 (160 × 200 cm)

145. 원기둥연 (높이 : 25 cm, 둘레 : 65 cm) (**한국**/유재혁 작)

146. 대형 박쥐연 (50×90 cm) (**한국**/유재혁 작)

147. 미니박쥐연(7×10 cm) (**한국**/유재혁 작)

148. 곡예연(70×220 cm) (**한국**/서만준 작)

2. 중국편   (1) 웨이팡 국제 연날리기 대회

149. 대회 본부 전경

150. 한국팀 참가자와 연

151. 대형 공작연(몸체 길이 : 2 m, 날개 길이 : 5 m)(**한국**/강범구 작)

152. 바퀴연(1변 : 1 m)(외국인 작)

153. 색동 어린이연(한국/오부석 작)

154. 솔개연(몸체 길이 : 2m, 날개 길이 : 3m)(중국)

155. 용머리줄연(중국)

156. 6각연(1변 : 2m)(중국)

157. 대형 로켓연(500×400 cm)(중국)

158. 대형 쌍용연(중앙에 동양권 지도가 그려져 있다.)(중국)

159. 나비연(캐나다)

160. 대형 꿈돌이연(200×200 cm)

(2) 웨이팡 연박물관 작품

161. 공룡연

162. 호랑이연·게연

163. 소형연

164. 회전식 연

165. 선녀연

166. 매미 · 나비 · 제비연

167. 선녀연

168. 동자연·동녀연

169. 불사
조연

170. 신선
연

171. 불사
조연

172. 염직
천연

(3) 중국연의 여러 가지

173. 솔개연 40× 40 cm)(중국)

174. 물수리연(40 ×40 cm)(중국)

175. 나비연(80×40 cm)(중국)

176. 솔개연(30×40 cm)(중국)

177. 잠자리연 (80×70 cm) (중국)

178. 공작연 (80×40 cm) (중국)

179. 닭연 (60×40 cm)(중국)

180. 솔개연 (40×40 cm)(중국)

181. 제비연(중국)

182. 미니 제비연과
    부엉이연(중국)

183. 새매연 (30×50 cm) (중국)

184. 나비연 (50×40 cm) (중국)

185. 말줄연 (세로 : 100 cm) (대만)

186. 호랑이줄연 (세로 : 100 cm) (대만)

187. 사자줄연(앞 부분을 날리면 나머지는 차례로 매달리게 되는데, 바람에 의해 둥실둥실 움직이면 마치 사자가 뛰어가는 것같이 보인다.)**(대만)**

188. 독수리연(35×50 cm)**(중국)**

(4) 중국 연엽서에 실린 여러 가지 연

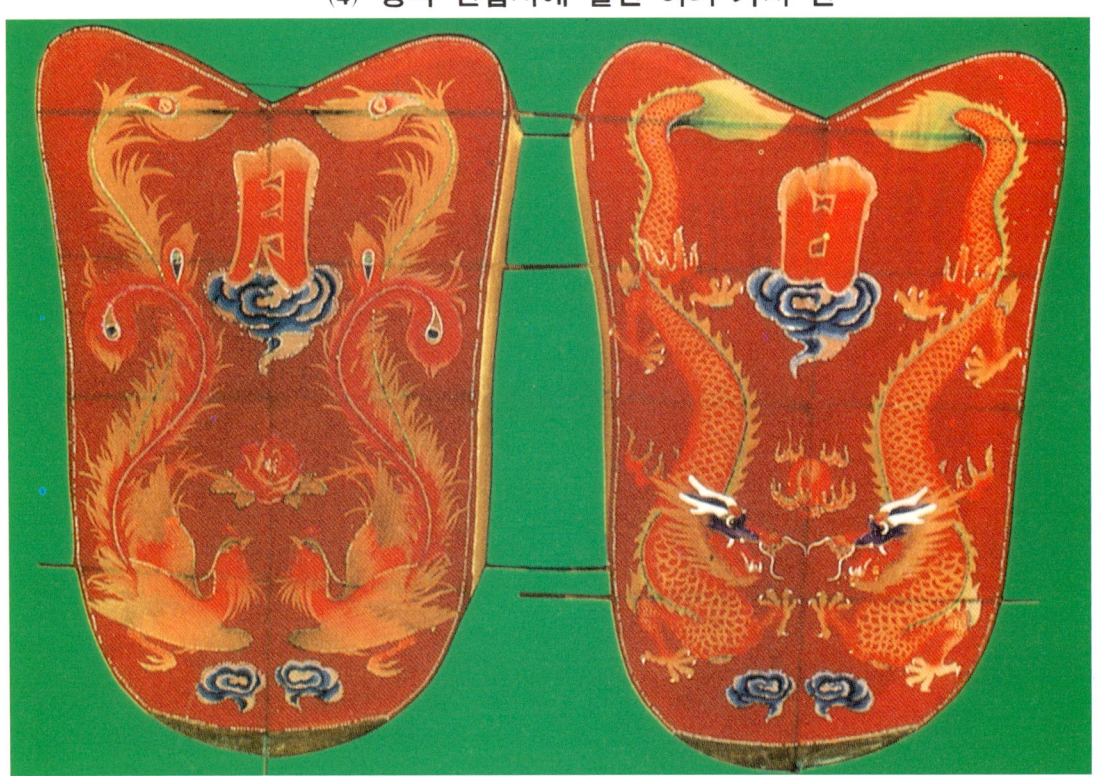

189. 용봉연

190. 쌍용희주(구슬을 가지고 노는 두 마리의 용)

191. 쌍어연(행복하게 노는 두 마리의 물고기)

192. 춤추는 바다연

193. 사마귀연

194. 쌍나비모란연

195. 선동연

196. 수성연

197. 쌍등연

198. 홍랑엽서연

3. 일본편
(1) 사이타마 현 쇼와마치 신춘 연날리기 대회 (1993. 1. 7)

199. 색채의 나라연(이 연의 크기는 가로 11 m, 세로 15 m, 무게 800 kg의 대형연으로 수백명이 끌어올린다. 세계에서 가장 크다고 자랑하고 있다.)(**일본**/쇼와마치 주민 공동작)

(2) 규슈 아소 산 연날리기 대회 (1986. 7. 26)

200. **대형연**(가로 7 m, 세로 10 m, 뼈대는 알루미늄 파이프)(**일본**)

201. **호돌이연**(창작 부문 우수상)(**한국**/유재혁 작)

(3) 일본 창작연 (고세키 아키라 작품)

202. **5 원연** (84×59 cm, 댓살 : 4개)

203. **고양이연** (85×59 cm, 댓살 : 10개)

204. **해돋이연**

205. **무사연** (78×60 cm, 댓살 : 5개)

206. 제비연 (61×61 cm, 댓살 : 2개)

207. 동천연 (77×60 cm, 댓살 : 6개)

208. 도깨비연 (87×61 cm, 댓살 : 5개)

209. 달님연 (86×56 cm, 댓살 : 5개)

210. 무사연 (78×60 cm, 댓살 : 5개)

211. 꽃게연 (80×60 cm, 댓살 : 5개)

212. 5원연 (87×59 cm, 댓살 : 4개)

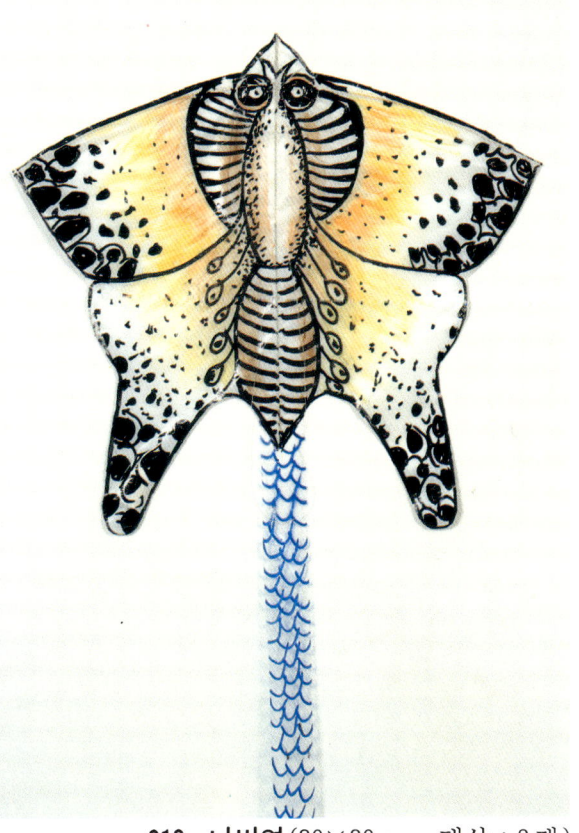

213. 나비연 (30×30 cm, 댓살 : 2개)

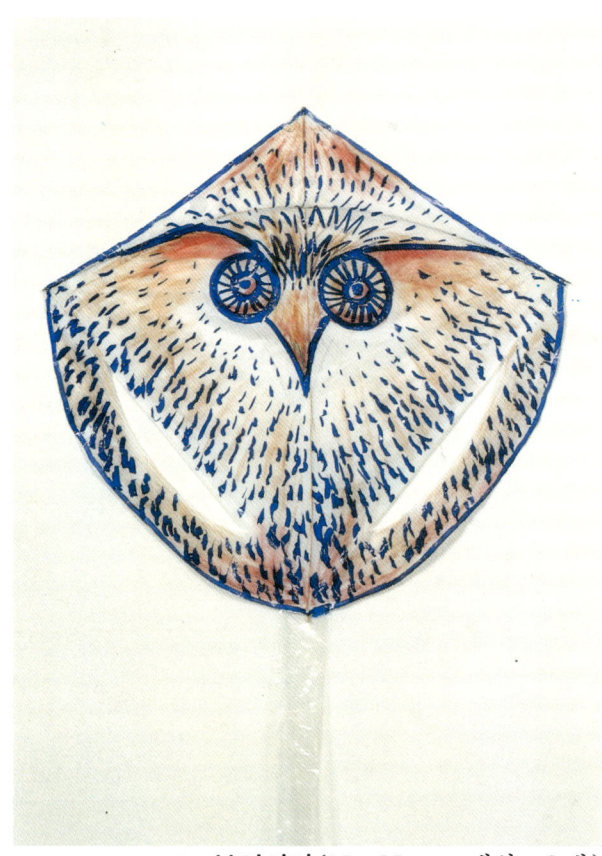
214. 부엉이연(35×35 cm, 댓살 : 2개)

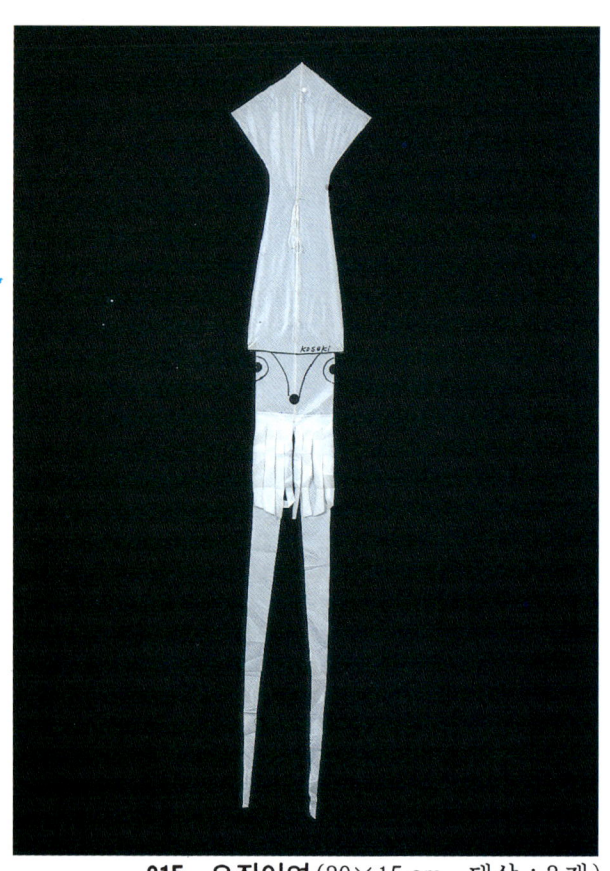
215. 오징어연(30×15 cm, 댓살 : 3개)

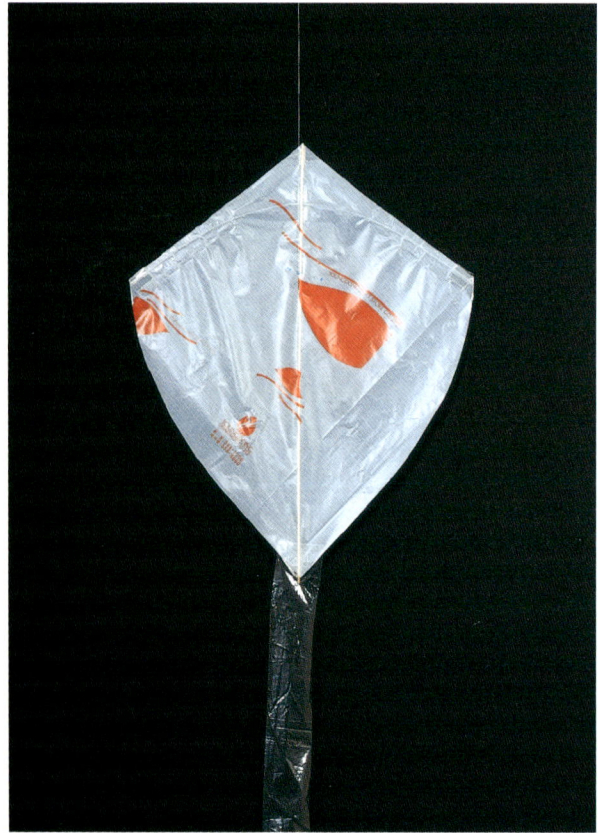
216. 다이아몬드연(30×25 cm, 댓살 : 2개)

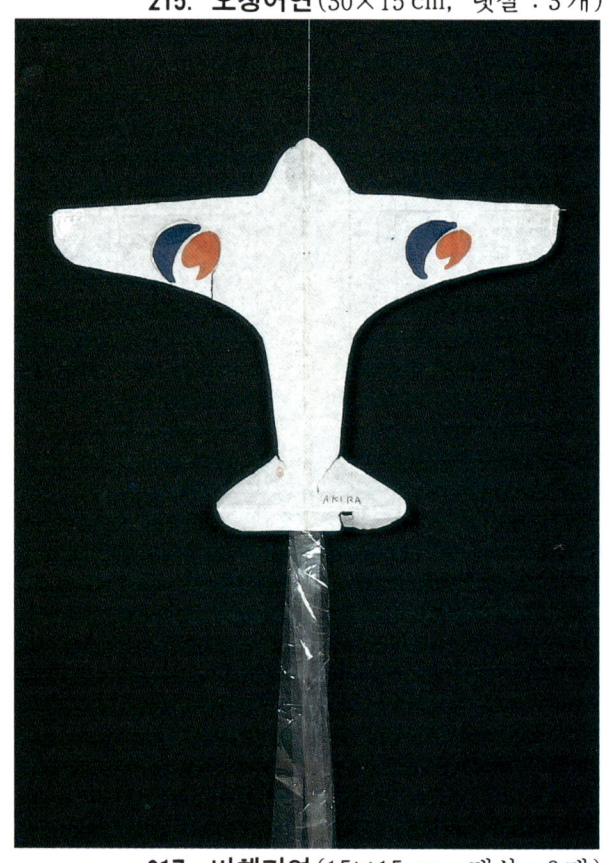
217. 비행기연(15×15 cm, 댓살 : 2개)

218. 문어연(45×10 cm, 댓살 : 2개)

219. 미니 솔개연(8×10 cm, 댓살 : 2개)

220. 미니 다이아몬드연(8×8 cm, 댓살 : 2개)

221. 박쥐연(30×40 cm, 댓살 : 2개)

222. 미니 매미연(7×10 cm, 댓살 : 2개)   **223.** 미니 잠자리연(10×8 cm, 댓살 : 2개)

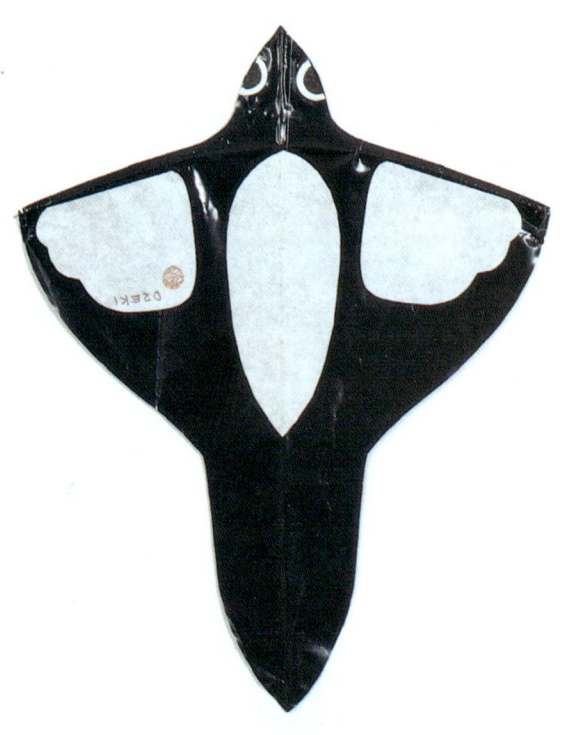

224. 새연(40×30 cm, 댓살 : 2개)   **225.** 들새연

226. 거미줄연(80×80 cm, 댓살 : 4개)

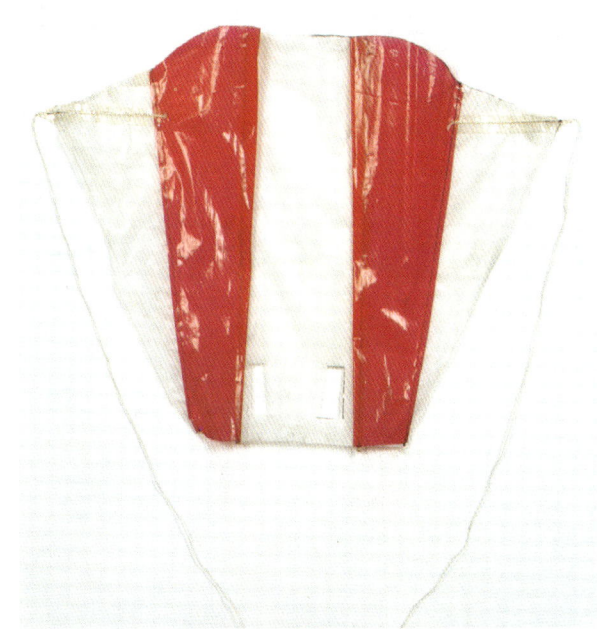

227. 바람주머니연(40×30 cm, 댓살 없음)

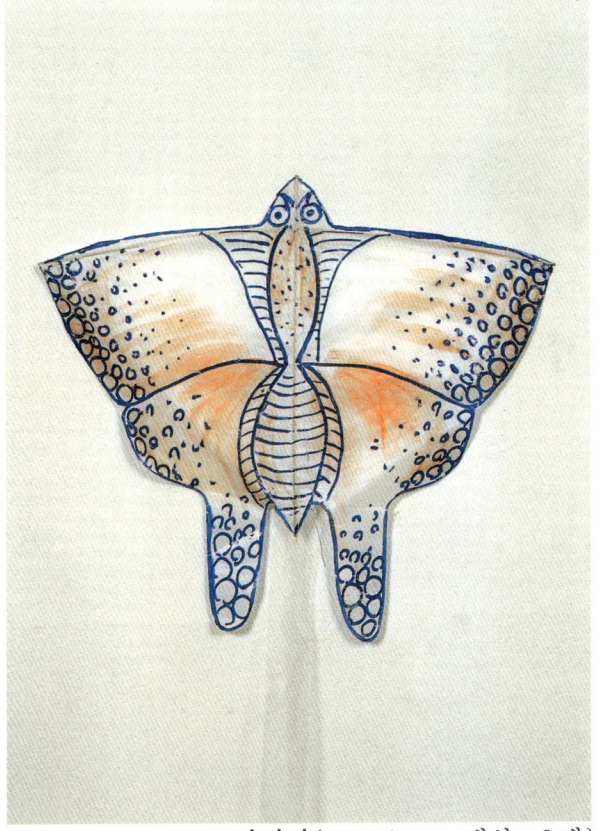

228. 나비연(50×40 cm, 댓살 : 2개)

229. 탈연(30×40 cm, 댓살 : 2개)

230. 해님연(40×40 cm, 댓살 : 2개)

231. 꿈돌이연(댓살 : 3개)

232. 비둘기연(50×40 cm)

233. 갈매기연(12×30 cm, 댓살 : 2개)

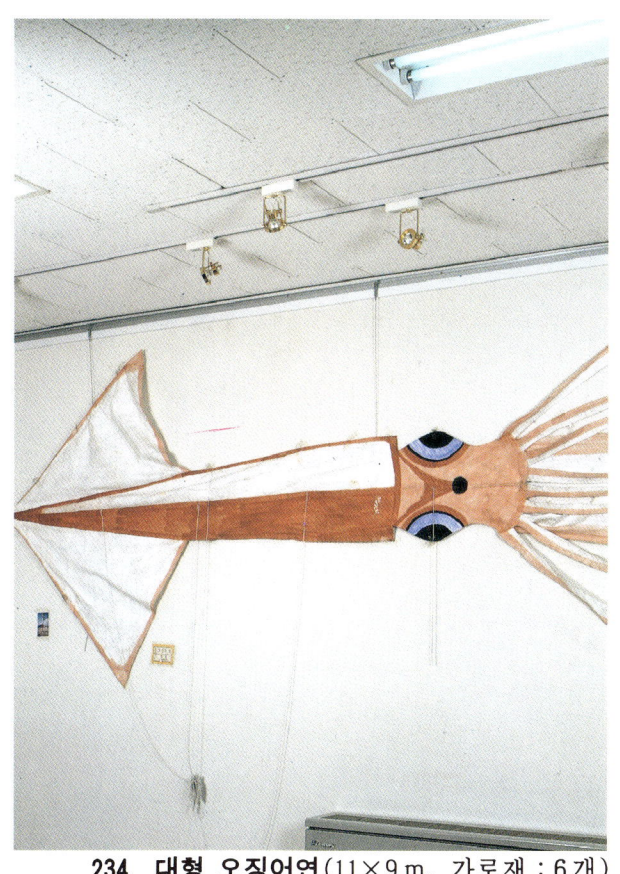

234. 대형 오징어연 (11×9 m, 가로재 : 6개)

235. 대형 개구리연 (200×150 cm, 골재 : 6개)

236. 거북선연 (400×150 cm, 골재 : 7개)

237. 무사연 (80×40 cm, 댓살 : 5개)

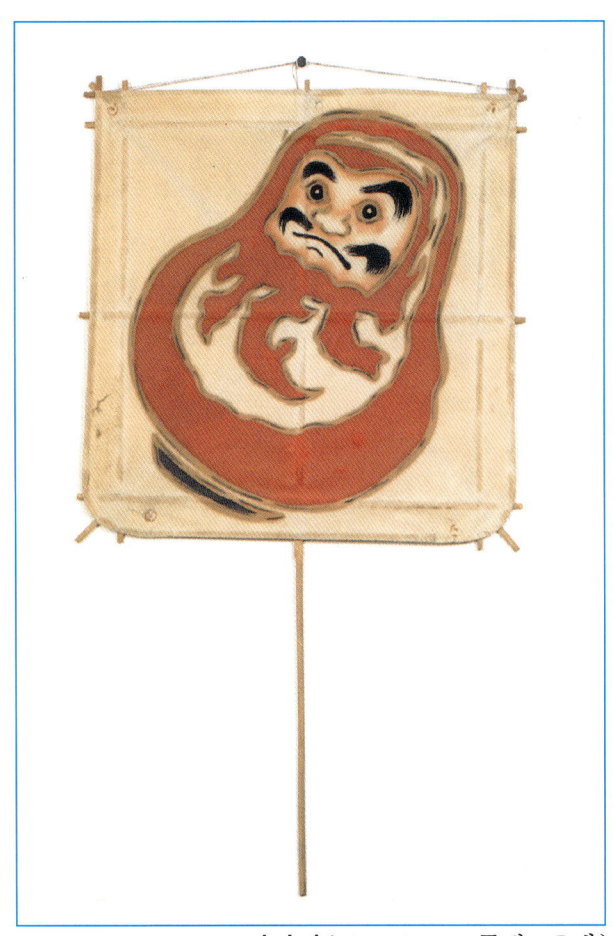

238. 달마연 (40×40cm, 골재 : 5개)

239. 소머리연 (80×60cm, 댓살 : 7개)

240. 바람주머니연 (40×60cm, 골재 없음)

241. 라이온스클럽연 (120×100cm, 댓살 : 5개)

242. 미니연(작은 것 : 6×4.5cm)

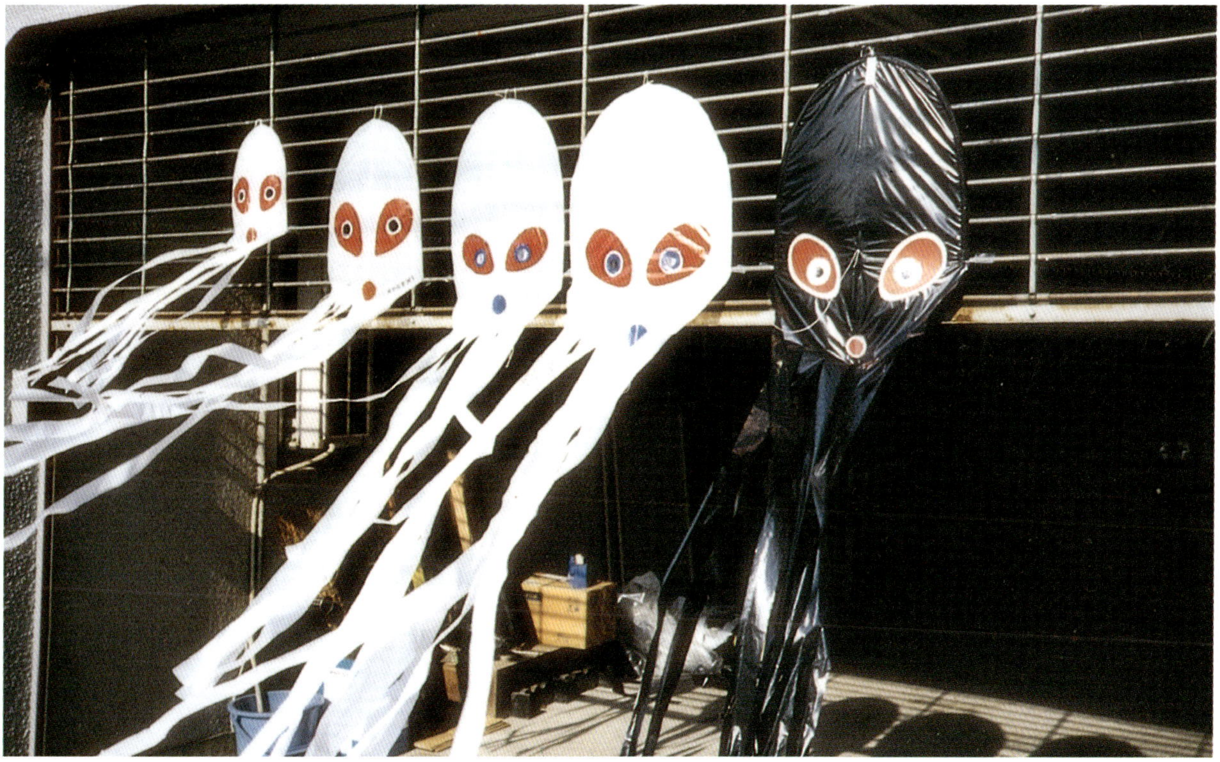

243. 문어연(여러 가지 색의 비닐을 이용, 규격은 다양함. 댓살 : 2개)

244. 소녀연(120×35 cm, 댓살 : 5개)(**일본**/고세키 아키라 작)

245. 소녀 줄연(120× 35 cm, 댓살 : 5개) (**일본**/고세키 아키라 작)

246. 꿈돌이연

247. 비둘기연(40×40 cm, 골재(빨대) : 6개)

248. 6각연(40×40 cm×6개, 댓살 : 4개)
（일본/고바야시 작）

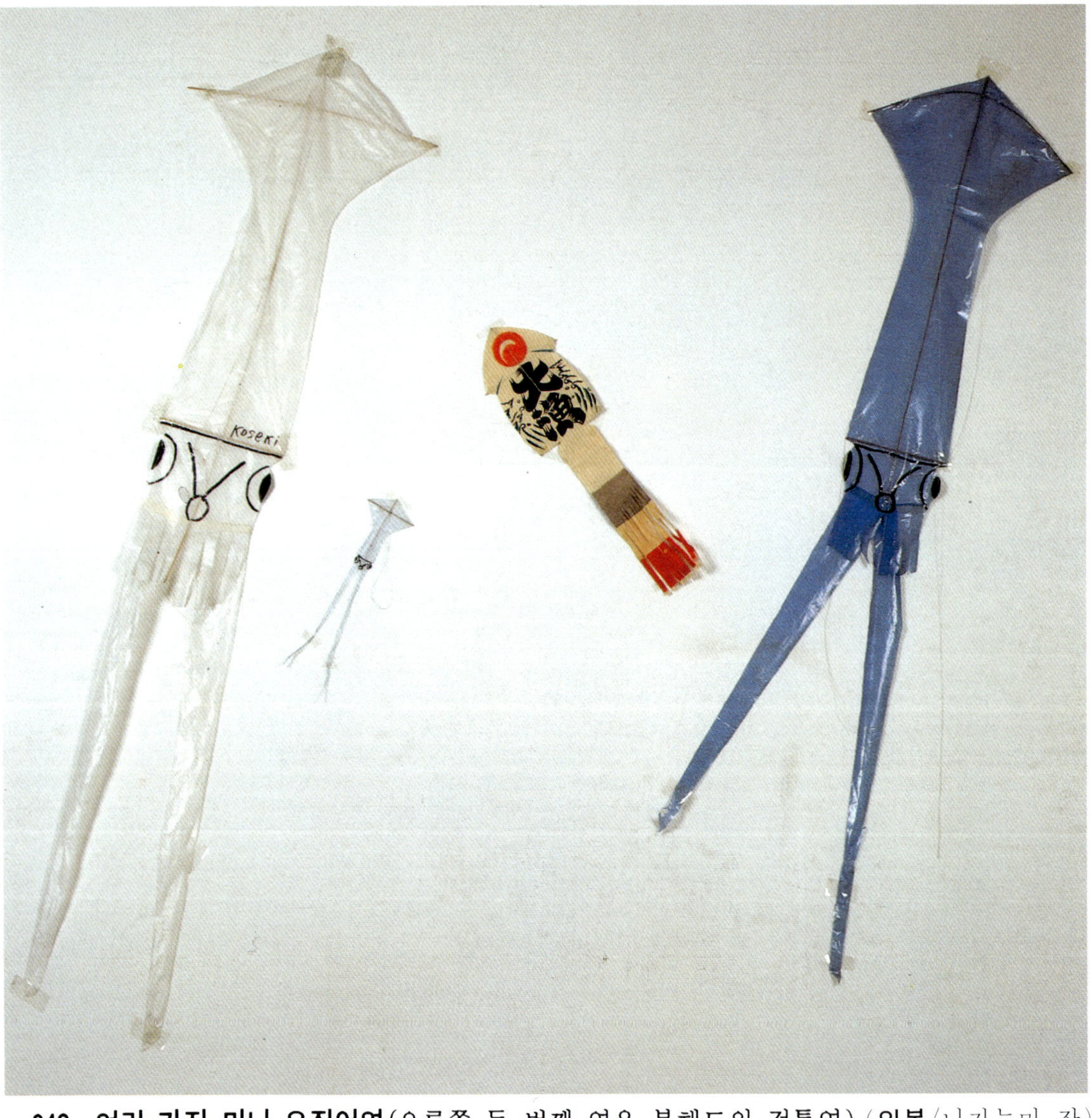

249. 여러 가지 미니 오징어연(오른쪽 두 번째 연은 북해도의 전통연)（일본/나가누마 작）

4. 인도네시아편   (1) 자카르타 제 2 회 국제 연날리기 대회

때 : 1994. 7. 2
장소 : 자카르타
참가국 : 12 개국

250. 대회장 모습(개회식 전에 인도네시아의 전통 민속춤 공연)

251. 다이아몬드연 (자카르타 전통연)

252. 다이아몬드연

253. 다이아몬드연

254. 가오리연(인도네시아 인들은 가오리연을 좋아하고 연싸움도 이것으로 한다.)

255. 기이한 대형 동물연(길이 : 약 10m)(프랑스)

256. 병풍연(약 20m 길이의 연을 양쪽에 끈을 매달아 날린다.)**(미국)**

257. 리본연(둥근 모양이 감겼다, 풀렸다 하면서 묘기를 부린다.)

258. 미키마우스연(길이 : 약 10m) (오스트레일리아)

259. 대형 벌연(몸길이 : 2m, 날개 길이 : 2m)

260. 대형 붕어 줄연(붕어연 한 개의 길이 : 약 4 m)(오스트레일리아)

261. 대형 고래연(연길이 : 약 5 m)(뉴질랜드)

5. 태국편

262. 넓은 나뭇잎연

263. 소머리연

264. 전통연

265. 여러 장 나뭇잎연(끝에 낚시 바늘이 있다.)

266. 새연(전통연)

267. 소리나는 연(연 위에 소리나는 활이 있다.)

268. 전통연(남자용)

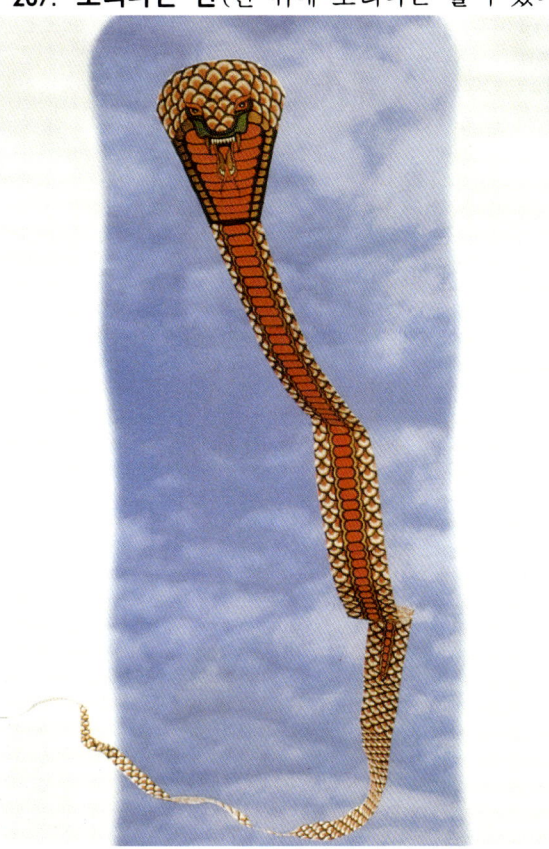
269. 코브라연

6. 말레이시아편

270. 가오리연 (40×40 cm) (말레이시아)

271. 달연 (80×100 cm, 전통 민속연)

7. 유럽·미주 지역편 (1) 그리스 국제 연날리기 대회

272. **6각연**(그리스 전통 민속연으로 '신의 연'이라고도 한다. 골재는 베니어 합판(두께 : 3 mm, 지름 : 70 cm) 3개를 겹쳐서 중심에 못질하여 6각형을 만들고 테두리는 실로 묶어서 비닐을 붙여 만든다. 목줄 중심은 위쪽 3각형이 되고, 실은 세 군데에 정 3각형이 되게 한다. 날리면 연이 공중에서 평면이 되게 난다.

273. **대형 용연**(날리기 위하여 조율하고 있다.)(중국)

274. 태국 전통연(태국)

275. 바람주머니연(태극기가 선명하게 보인다.)(**한국**/유재혁 작)

276. 용연 (900×80 cm) (한국/유재혁 작)

(2) 이집트

277. 이시스신의 연 (60×60 cm) (이집트)

(3) 영국·스웨덴

278. 바람주머니연(영국)

279. 다이아몬드연(골재 : 나무)
(스웨덴)

(4) 네덜란드

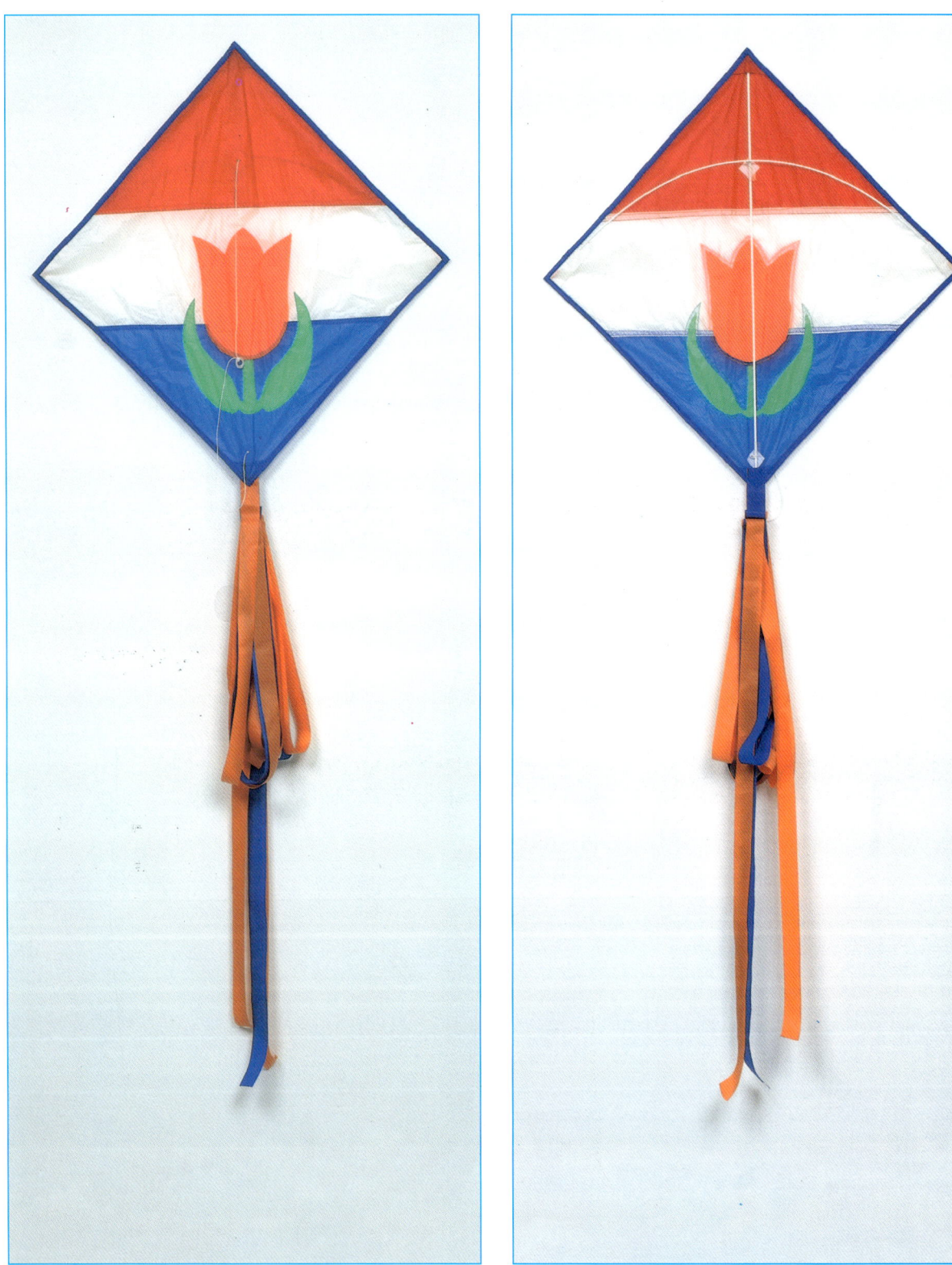

280. **가오리연**(낙하산천으로 만들었으며, 왼쪽은 앞면, 오른쪽은 뒷면이고, 중심과 활과 같이 휜 자리는 플라스틱으로 만들었다.) (네덜란드) (이기태 소장품)

281. 풍차연 (190×165×165 cm) (네덜란드)

(5) 미주 지역

282. 나뭇잎연(솔로몬 섬)

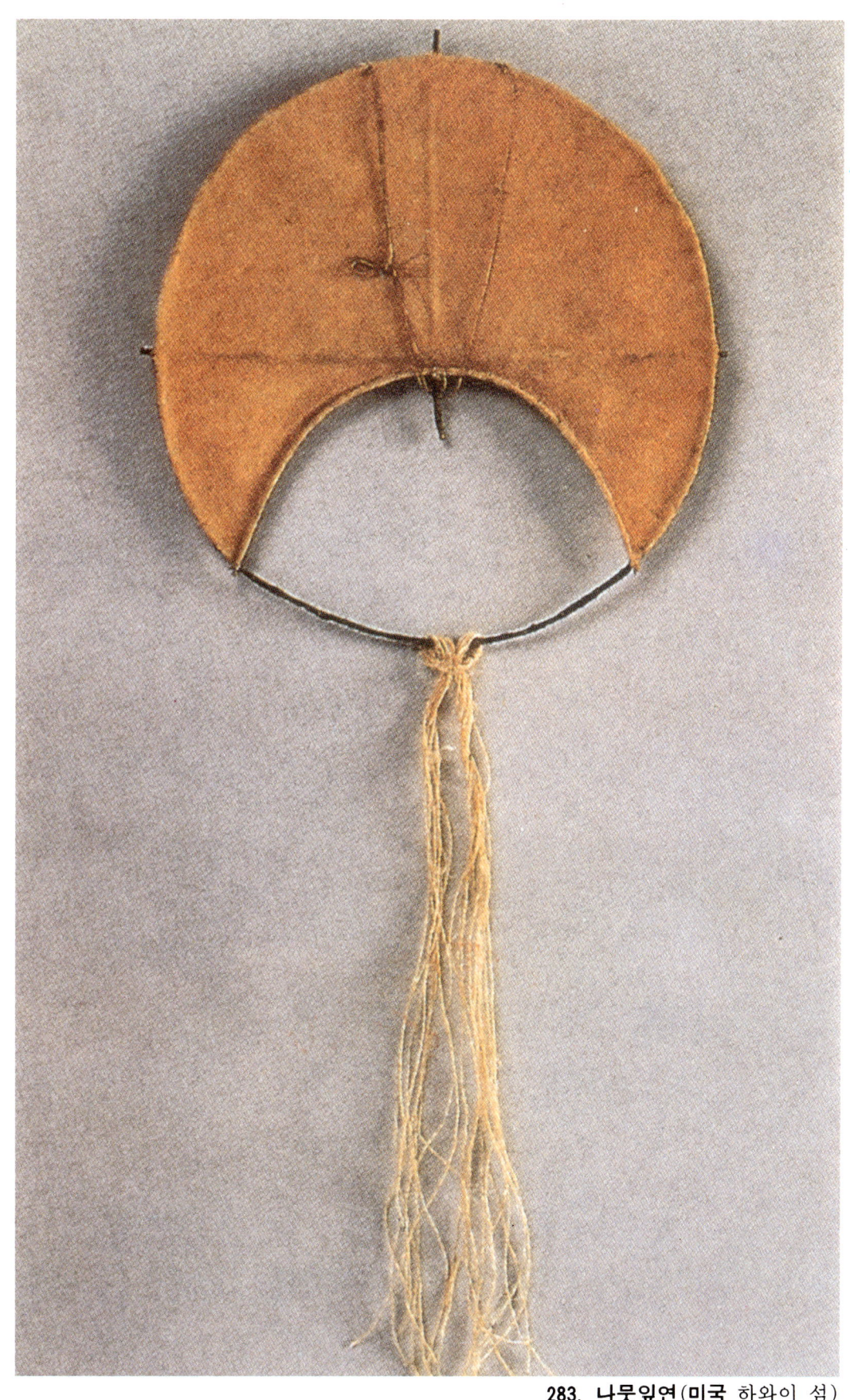

283. 나뭇잎연 (미국 하와이 섬)

284. 배트맨연(60×50 cm)
(**미국** 로스앤젤레스)

285. 귀신연(60×100 cm)
(**미국** 로스앤젤레스)

286. 다이아몬드연 (53×56 cm) (**미국**)

287. 몬트리올연 (80× 68 cm) (**캐나다**)

119

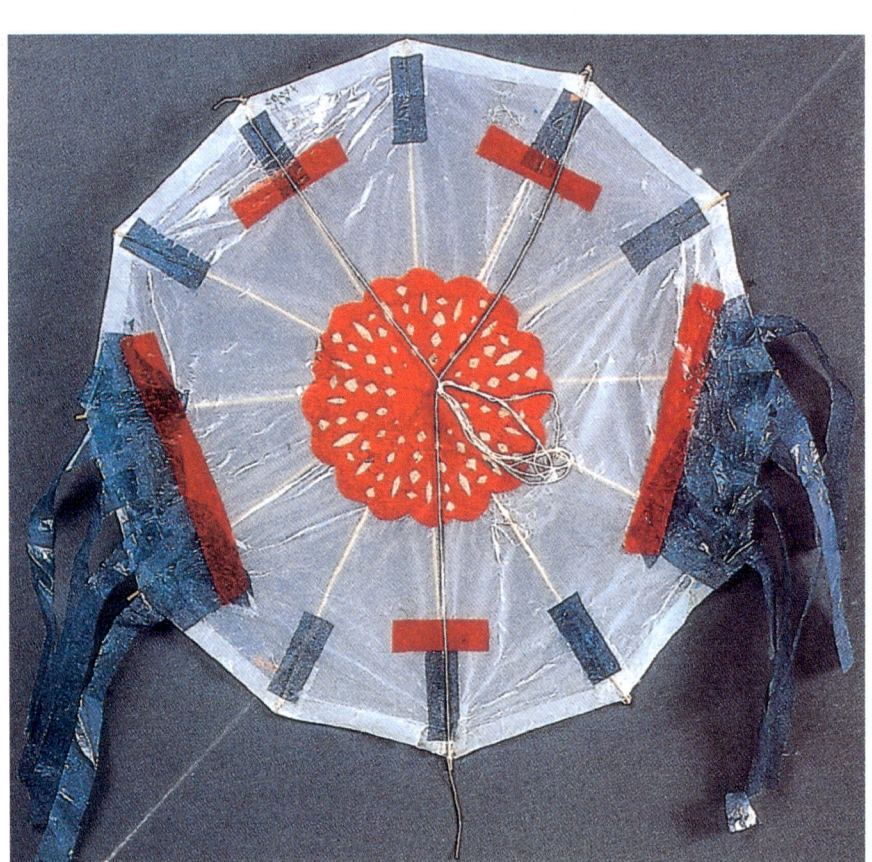

288. 멕시칸연 (85×58 cm) (멕시코)

289. 파파카이오 (61×117 cm) (브라질 리우데자네이루)

◇ 각국의 연의 명칭 ◇

한국 : 연(鳶)	중국·대만 : 펑쩡(風箏)	일본 : 다코(凧)
영국·미국 : KITE	독일 : DRACHEN	프랑스 : CERF-VOLANT
스페인 : COMETA	인도네시아 : LAYANG	베트남 : GAI-DEU
브라질 : PAPA-GAIO	그리스 : AETOS	이탈리아 : AQUILONE
인도 : SARUNGAL	러시아 : BO3IIYWHIe-3MeИ	
태국 : CHULA(남자연) PAKPAO(여자연)	포루투갈 : PAPA-GAIO	
스리랑카 : (필기체)	이란·이라크 : (필기체)	

※ 국제 연날리기 대회에서는 일반적으로 KITE로 통용됨.

◇ 참고 문헌 ◇

濰坊風箏	孫立榮 著	北京文物出版社	1988
風箏民俗藝術專輯(4)	許水德 著	臺北市政府教育局	1977
凧―空の造形	広井力 著	美術出版社	1972
世界の 凧	齋藤忠夫 著	保育社	1990

편집 후기

　연에 관한 전문적인 책은 우리 전통 민속의 면면한 맥을 잇기 위해서라도 꼭 나와야 할 과제라는 말은 종종 주변 동호인들과의 자리에서 오고 간 이야기입니다. 또, 자주 권고를 받기도 해 이번에 용기를 내어 손을 대 보았습니다. 후손들에게 가르쳐 줄 나름대로의 책임감 같은 것도 생겼습니다.

　이에 제 1 집으로 '연의 세계, 세계의 연'을 펴내게 되었습니다만 평소 경험한대로 많은 어려움이 따랐습니다.

　우선 각 지방마다의 연의 특색을 찾느라 근래 몇 년간 애를 썼으나 그리 큰 성과를 가두지 못한 점이 아쉬웠으며, 세계 각 나라의 연도 힘 닿는 데까지 수집하였지만 역시 한계가 있었습니다.

　다음 번에 증판할 때에는 더욱 보완하여 좀더 폭넓은 자료와 다양한 분야를 소개하기로 마음으로 다짐합니다.

　이번 책을 내는 데 방대한 자료와 작품을 보내 주시어 많은 도움을 주신 세계적 창작가인 일본의 고세키 아키라(小關章) 씨께 두터운 감사를 드립니다.

　또 이 책이 나오기까지 헌신적인 후의로 후세를 위해 꼭 필요한 책임을 강조하시며 출판을 서둘러 주신 양철우 사장님, 동료 김주열 이사, 조병래 선생님 그리고 김병주 사진 실장님께 감사드립니다.

　　　　　　　　　　　　　　　　　　　　　1995년 2월　　　　저자 유재혁

저자 약력

- 1927년 2월 8일생. 충북 청원군.
- 청주농고, 중앙대법학과, 고려대교육대학원 졸업.
- 공예과·농업공작과 중등학교 교사자격검정 합격
- 충북 증평중·청주중, 서울북중·사대부중 교사 역임.
- 서울교육청 장학사·불광중·연희여중 교감 역임
- 문교부 국정 초·중등 실과교과서 편찬심의위원 역임.
- 서울연천중·은평중 교장 역임('94년 정년 퇴임).
- **상** : 한국교육자대상('86년)·서울시민대상('93년) 수상
- **저서** : 새로운 종합 공작('57년), 창공의 연처럼 희망찬 교육을("88년)
- **해외 연 활동** : 일본초청 연날리기 대회 10여차례, 그리스('93년), 중국('94년), 인도네시아('94년) 연날리기대회 참가.
- **연전시** : 10여차례
- 1995년 12월 작고

연의 세계, 세계의 연

1995년 4월 20일 초판 발행	2000년 8월 17일 재판 인쇄
	2000년 8월 27일 재판 발행

펴낸이 : 양 철 우	우편번호 : 121-021
지은이 : 유 재 혁	서울특별시 마포구 공덕동 105-67
박은데 : 교학사공무부	(공장)서울·금천구 가산동 319-7
펴낸데 : ㈜교학사	등 록 : 1962. 6. 26. 〈18-7〉

ISBN 89-09-01668-X03690   값 : 10,000원